7

Lk 3478.

NOTICE

SUR

L'ÉGLISE ET LE COUVENT DES AUGUSTINS

À LA ROCHELLE.

NOTICE

SUR

L'ÉGLISE ET LE COUVENT DES AUGUSTINS

A LA ROCHELLE.

En réparant, au mois d'Octobre 1857, le pavé du cloître de la Communauté des anciens Augustins, aujourd'hui des Religieuses de Chavagne, les maçons ont relevé deux pierres de taille ornées de sculptures assez bien conservées, quoiqu'on les foulât aux pieds depuis longtemps. C'était l'écusson du cardinal Mazarin, sculpté dans un même bloc que la scie avait évidemment partagé. Trois autres fragments de moindre dimension, retrouvés sous le même cloître, reproduisent les mêmes armoiries, ce qui donnerait lieu de penser que ce monastère possédait autrefois quelque monument, élevé à la mémoire de ce célèbre personnage. C'est en effet alors que ce ministre était au faîte de la puissance, que les Augustins, rétablis dans leur ancien couvent de Saint-Yon, édifièrent la nouvelle église qui existe maintenant.

Cette église dédiée à Saint Thomas de Villeneuve, religieux augustin, puis archevêque de Valence, fut achevée en 1660, un an avant la mort du cardinal-ministre.

On lit dans un ancien manuscrit de la Communauté des Augustins, conservé dans les archives de l'Hôtel-de-Ville de La Rochelle, qu'au jour de la bénédiction de cette église, les armes de Son Eminence, ornées de guirlandes de laurier, décoraient la grande porte de cet édifice. On n'a donc plus lieu de s'étonner de retrouver les mêmes armes dans l'intérieur de ce couvent. On peut supposer que les Augustins, relevant alors les ruines de leur ancienne maison sous la protection du puissant cardinal, lui auront ainsi témoigné leur reconnaissance.

1858

Quoi qu'il en soit, cet écusson vient d'être habilement réparé par M. Vételet, et placé à l'intérieur de l'église au-dessus du bénitier. Il porte la date de 1660. C'est l'époque de la dédicace de cette charmante église et de la cérémonie de la canonisation de Saint Thomas de Villeneuve, son saint Patron.

Le récit de cette double solennité nous a été transmis par le Prieur de ce couvent. Il est trop curieux pour que nous négligions l'occasion de le faire connaître. Nous croyons cependant devoir donner d'abord une courte notice sur l'établissement des Ermites de Saint-Augustin à La Rochelle.

On sait que le Pape Alexandre IV, en 1256, réunit les Ermites de Saint-Augustin sous une règle commune.

Ces religieux étaient à La Rochelle au commencement du XIIIe siècle. Leur établissement se fit d'abord à la Moulinette, quartier de Saint-Nicolas. Il fut ensuite transféré dans le centre de la ville. L'église dédiée à Saint Yon, martyr, donna ce nom à la rue qui le porte encore.

Forcés de quitter La Rochelle en 1563, à l'invasion du Protestantisme, les Augustins n'y furent rétablis que 67 ans après.

Cet ordre s'était partagé en plusieurs congrégations ou réformes. Les religieux rappelés en 1630 appartenaient à la réforme de Bourges. Louis XIII en avait fait une des conditions de leur rétablissement.

Le R. P. Busson se rendit à Lyon, où se trouvait alors la cour, pour solliciter cette faveur. Il fut favorablement accueilli et les patentes royales arrivèrent à La Rochelle au mois d'octobre 1630. Le 29 du même mois, les religieux rentrèrent en possession de leur ancienne propriété.

Pendant les années précédentes les Augustins exercèrent le ministère apostolique dans les environs de La Rochelle. On les trouve en 1623 et 1624 dans les paroisses de Croix-Chapeau, La Jarne, Saint-Xandre etc.

Leur rentrée au couvent de Saint-Yon fut marquée par un triduo de prières solennelles expiatoires. Le temple que les Protestants avaient bâti sur le terrain du monastère leur fut concédé. L'office des Quarante-Heures y fut célébré pendant les trois premiers jours de novembre. Le premier jour, le R. P. Carcat, provincial, chanta la messe, et le sermon fut prêché par Gabriel Cressonné, licencié en droit canon et aumônier de M. de La Thuilerie, intendant du pays d'Aunis. Le sermon du second jour fut donné par le R. P. Duverger, gardien des Récollets, et celui du troisième jour par le R. P. Audibert, de la Société de Jésus.

Ce même jour, la Confrérie du Saint-Rosaire fut érigée par le

R. P. Dubois, Prieur des Dominicains de Saint-Jean d'Angély. Le P. Boulanger, religieux Augustin, donna le sermon.

En 1654, les Augustins commencèrent à reconstruire leur couvent. La première pierre de l'église fut posée le 21 décembre, par haut et puissant Seigneur de Clisson, Jean Bonaventure, vicomte des Mottes. Cette pierre est placée au milieu du grand pignon où se trouve adossé le Maître-Autel. Elle porte le nom de Saint-Nicolas Tolentin, comme patron ; mais, par ordre de l'Evêque (Monseigneur Raoul de la Guibourgère), l'église fut dédiée à Saint Thomas de Villeneuve, canonisé en 1658.

Les armes des Augustins d'Espagne portent d'azur à un cœur percé de deux flèches passées en sautoir. C'étaient donc celles de Saint-Thomas de Villeneuve. Aussi se font-elles remarquer en plusieurs endroits à la façade et au clocher de l'église. On a cru devoir les rétablir aussi dans les nouveaux vitraux.

La fête de la canonisation de ce saint Archevêque et la dédicace de la nouvelle église eurent lieu au mois de mai 1660, pendant les solennités de la Pentecôte.

Quoique le P. Arcère, dans son Histoire de La Rochelle, assigne pour un des patrons de cette église Saint Yon, martyr, et non Saint Yves de Bretagne, il est néanmoins constant que Saint Yves y était particulièrement honoré, soit par l'identité du nom (*Yvo*), soit autrement. Ainsi, en 1701, le prieur Macault ayant établi l'usage de la procession du Saint-Sacrement qui fut placée au dimanche dans l'Octave de la Fête-Dieu, on y convoqua, dit la chronique, tous les avocats et procureurs pour honorer Saint Yves, leur patron. La magistrature de La Rochelle avait pour cette église une préférence marquée. On y voit encore les sépultures de plusieurs membres du siége présidial. Le 29 mai 1744, le Conseiller Billaud d'Ardennes y fut inhumé sans pierre tombale ni inscription, suivant le vœu exprimé dans son testament que l'on possède encore.

Nous arrivons au récit de tout ce qui s'est passé à La Rochelle, en 1660, à l'occasion de la dédicace de cette église. Nous donnons le texte littéral du manuscrit authentique conservé aux archives de la ville.

RÉCIT

DE CE QUI S'EST PASSÉ EN LA VILLE DE LA ROCHELLE,

SUR

LA FÊTE ET LA CANONISATION DE SAINT THOMAS DE VILLENEUVE,

*Archevêque de Valence, de l'Ordre des Ermites
de Saint-Augustin,*

COMME IL FUT PRÉSENTÉ A MONSEIGNEUR L'ÉVÊQUE DE CE LIEU,

L'AN 1660 (15 MAI).

MONSEIGNEUR,

Si les suites de l'indisposition qui, contre votre espérance, vous a retenu dans votre château de l'Hermenault, n'eussent été à craindre, nous ne serions pas obligés de vous faire le récit des cérémonies qui se sont faites dans votre ville de la Rochelle pour la fête de la Canonisation de saint Thomas de Villeneuve. Votre Grandeur ayant tant de fois témoigné avec un zèle dont elle accompagne toutes les actions qui sont à la gloire de Dieu, qu'elle voulait y être présente et même la rendre auguste par les fonctions qui sont attachées à son caractère, consacrant à Dieu, sous le nom de ce glorieux saint, la première Église qui lui ait été dédiée dans tout le royaume, ce que nous souhaitions avec tous les désirs possibles, d'autant plus qu'elle en aurait été par son rare exemple et par l'éclat de sa pourpre le plus bel ornement, puisqu'au rapport de saint Grégoire, *la flamme du Pasteur fait le jour du troupeau.*

Il faut pourtant avouer, quoiqu'Elle en ait été absente, qu'on a jugé, par le bel ordre qui l'a rendue considérable, qu'on avait suivi les projets qu'Elle en avait faits auparavant, exécuté les ordres qu'Elle en avait donnés avec toute la maturité qui paraît en tous ses conseils, et qu'Elle y était présente dans la personne de M. l'abbé de Couvray, son neveu, vicaire général, qu'Elle avait commis à cet effet pour tenir sa place et présider à toute la solennité, comme il s'en est acquitté avec éclat et tant de distinction que tous ont avoué que Votre Grandeur ne pouvait faire un meilleur choix pour une action qu'Elle avait cru digne de sa présence et de ses soins. Ce qui nous a persuadés, Monseigneur, que le zèle des âmes que le Ciel a commis à Votre conduite vous ferait trouver de l'agrément dans le récit sincère que nous lui faisons de toute cette cérémonie, non-seulement parce qu'elle est votre ouvrage, mais encore par des circonstances assez remarquables, par le concours et l'extraordinaire dévotion des peuples qui l'ont rendue signalée, qui fait le plus solide divertissement des vrais Prélats. Bien qu'il ne soit pas difficile de pouvoir vous exprimer la joie que tous les Catholiques dans La Rochelle en ont conçue, les témoignages publics qu'ils en ont rendus, et l'ardeur inconcevable qui les a poussés à se déclarer pour l'honneur que l'Eglise rend aux Saints, par celui qu'ils ont rendu à saint Thomas de Villeneuve dans son Eglise nouvellement bâtie dans le centre et sur les ruines de l'hérésie, dans laquelle Eglise on peut remarquer ce qu'on demande de plus considérable et de plus achevé dans les édifices, l'agrément de la proportion.

Et pour ne rien omettre, Monseigneur, de ce qui peut faire concevoir à Votre Grandeur, comment la fête s'est passée,

Nous commençons par la bénédiction de l'Eglise, laquelle se fit le vendredi quinzième de mai, sur les huit heures du matin, par M. l'abbé de Couvray, votre neveu, avec toute la solennité accoutumée, où il eut pour assistans les R. Pères de l'Oratoire, précédés de quatre Religieux en chapes choisis pour chantres et d'un grand nombre d'autres, venus de divers monastères pour la cérémonie.

On employa le reste du jour et le lendemain à décorer l'Eglise des plus belles tapisseries de la ville, de tableaux et d'un grand nombre de plaques, chandeliers, lampes et flambeaux d'argent, chacun s'étant dépouillé avec zèle de ses meubles plus précieux pour son embellissement, ce qui ajoutait un nouvel éclat à sa beauté et satisfaisait agréablement tous ceux qui y entraient, remarquant dans l'ordre, dans la distribution des ornemens, tant du grand autel éclairé d'une infinité de flambeaux que des six chapelles et de tout le reste de l'Eglise entourée de plaques et de cœurs surmontés de croix qui sont les armes de notre saint Archevêque, posés au-dessus des tapisseries, que l'esprit y trouvait autant d'agrément que les yeux. Les deux entrées et le frontispice étaient ornés de lauriers et de feuillages qui entouraient les écussons où étaient dans une juste disposition les armes du Pape, celles de la France et d'Espagne, celles de la Reine et de Son Eminence (le cardinal Mazarin), les Vôtres et celles de la ville, toutes lesquelles ayant chef les armes de saint Thomas, y adressant leurs vœux en forme de devises en vénéraient l'entérinement par l'assurance d'une paix générale, d'un aussi heureux que fécond mariage (de Louis XIV avec l'infante Marie-Thérèse), et d'une protection favorable.

Le jour suivant, fête de la Pentecôte, que Votre Grandeur avait choisi pour la consécration de l'Eglise, la grand'messe y fut chantée par M. l'Abbé avec ses assistans, les quatre chantres et autres officiers revêtus, au bruit de décharges des boîtes, durant laquelle une compagnie de milices que les maîtres architectes qui prenaient bonne part à ce bel édifice firent marcher sous un grand drapeau de taffetas blanc et tambours battants, donnèrent par plusieurs décharges et mousquetades des marques de leur joie, comme ils continuèrent le reste du jour, et qui fut un signal avec le bruit des autres tambours qui sur le soir allèrent dans les principales rues accompagnés de grands guidons de taffetas de différentes couleurs pour disposer toute la ville et appeler les peuples à la grande solennité, laquelle devait commencer le lendemain dix-septième mai.

Auquel jour M. l'Abbé assisté de tous ses officiers et des quatre chantres revêtus de chapes en fit l'ouverture sur les neuf heures du matin, par l'exposition du très Saint-Sacrement, qui fut suivie de la bénédiction solennelle qu'il fit de l'image de saint Thomas de Villeneuve; après quoi il célébra la grand'messe où se trouvèrent des corps militaires du Présidial qui par leurs exemples apprirent au peuple qui s'y rendit en foule de ne pas perdre un moment du temps précieux qui leur ouvrait les trésors des mérites de Jésus-Christ, par les indulgences plénières qui devaient continuer toute l'Octave. Après l'Evangile, Monsieur votre théologal monta en chaire et commença le premier panégyrique des huit qu'on avait préparés pour tous les jours de l'Octave, faisant l'ouverture du beau sujet qui convenait également au temps et à la solennité, puisque la Pentecôte honore la descente visible du Saint-Esprit sur les Apôtres par la communication de ses sept dons, que, pour cette raison Votre Grandeur voulut judicieusement être pris l'un après l'autre pour le sujet des Sermons où les Prédicateurs en devaient faire l'application à saint Thomas de Villeneuve. Il les commença avec tant de succès, traitant en général de la sainteté de notre grand Archevêque, que toute cette célèbre assemblée le jugea digne du choix que vous en aviez fait pour cet emploi, et fit préjuger par une entrée aussi belle qu'elle fut éloquente ce qu'on devait se promettre des autres panégyristes, lesquels, en effet, ont secondé heureusement vos desseins et satisfait à l'attente de leurs auditeurs.

On était encore dans l'Eglise lorsque les tambours au-dehors firent savoir par les rues qu'on eût à se préparer pour la procession générale, et pour ce sujet on assembla la bourgeoisie pour se mettre sous les armes, suivant les ordres que M. le Lieutenant du Roi en avait donnés, lequel en cette rencontre comme en toute autre et par l'assiduité qu'il a rendue aux divins offices pendant l'Octave, a donné des marques de sa piété et de son zèle à maintenir la Religion.

Entre deux et trois heures après midi, toutes les compagnies de tous les corps de la ville se rendirent dans votre Cathédrale pour la procession, où nous allâmes pour le même objet, étant sortis de notre Eglise au nombre de soixante Religieux précédés de six belles bannières du saint portées par autant de Diacres et de quantité de grands guidons qui devaient accompagner toutes les croix et bannières, avec les deux grands cœurs représentant celui de saint Augustin et de saint Thomas de Villeneuve, portés de même par deux Diacres. Nous étions suivis des porte-Reliques au nombre de six et de la grande image du saint avec tous les assistans; nous passâmes en cet ordre au milieu de la milice, qui faisait haie de part et d'autre depuis notre Eglise jusqu'à la place du Château, distribuée en compagnies et commandée par le major qui par son zèle et bonne conduite, secondé des capitaines et officiers et de tous les bourgeois catholiques, donna des marques sensibles de l'affection qui les unit et les rattache à la Religion qui apprend à honorer les saints. Nous ne fûmes pas plutôt entrés que tous les corps commencèrent à marcher en l'ordre qui suit :

A la tête de toutes les compagnies parurent les pauvres au nombre de cent cinquante, marchant deux à deux chacun un pain à la main; ensuite d'une croix et d'un étendard de taffetas noir semé de larmes d'argent d'un côté et de l'autre des marques de la Passion, pour honorer celui qui fit gloire de porter le nom qui lui a été donné par les Souverains Pontifes de *Père des Pauvres*. Ils étaient suivis des corps des métiers avec les torches de leurs confréries, et sur leurs pas marchaient deux à deux une grande troupe de jeunes enfans, vêtus *à l'avantage*, tenant en main des guidons de couleurs différentes dans lesquels on pouvait remarquer les vertus printannières de l'enfance de saint Thomas, laquelle ayant été toute angélique, fut encore plus naïvement représentée par une autre troupe d'anges richement parés, distribués en neuf autres dont chaque chœur était marqué de plusieurs guidons de couleurs convenables à leur ordre et office; et parce que, dès son bas-âge, il s'était adonné à la pratique de la mortification et avait déjà embrassé la croix, douze anges suivaient ces derniers, qui portaient en main les armes de la Passion qui en est l'exemplaire. MM. les écoliers étaient trop empressés, pour ne pas être de cette pompe, et représenter à leur tour la modestie aussi bien que les vertus du saint dans sa jeunesse et durant tout le temps qu'il s'appliqua à l'étude des lettres humaines ; aussi y furent-ils portés par les soins des R. Pères Jésuites qui, ne laissant échapper aucune occasion de témoigner, par effets, qu'ils enseignent dans leurs Colléges autant la piété que les lettres, firent paraître en celle-ci leur zèle pour la gloire du saint Archevêque par le bel ordre qu'ils apportèrent, ayant distribué toutes leurs classes en trois nombreuses compagnies dont chacune avait ses officiers, deux grandes enseignes avec deux tambours, sous les guidons qui voltigeaient au milieu de ces belles compagnies richement vêtues, qui marchaient avec tant d'ordre et de retenue, que l'on jugea qu'elles exprimaient parfaitement cet état du cours de la vie du saint qui, n'ayant été séparé que par un peu de temps de celui de la vie religieuse qu'aussitôt après il embrassa, suivaient, pour ce sujet, les communautés régulières, qui étaient autant d'images vivantes de ce second état, aussi bien qu'une expression animée des vertus qui l'accompagnent.

Les PP. de la Charité marchaient les premiers, suivis des R. Pères Récollets, Capucins et Cordeliers, chacun avec la croix et sa bannière, où le saint était différemment dépeint en son état religieux et avait, de part et d'autre, des enfans revêtus en anges tenant des guidons et des flambeaux.

Une plus grande bannière que les précédentes, qui faisait voir notre saint dans les exercices de la charité, nous joignait, au nombre de soixante à ces Communautés, suivant notre croix portée par un Diacre entre deux acolythes portant flambeaux et quantité de guidons, aussi bien que la bannière qui précédait deux cœurs en relief, animés de couleurs vives, transpercés de flèches d'or et surmontés l'un d'une croix et l'autre de flamme d'or qui figuraient les vertus cachées de saint Thomas et de saint Augustin portés par deux Diacres accompagnés de grands guidons, marchaient au milieu de notre Corps et le partageaient en deux bandes dont la dernière était formée par douze Supérieurs.

Mais il est temps, Monseigneur, que cette lumière cachée sous le boisseau soit mise sur le chandelier et que notre saint Religieux paraisse en l'état de prélature, laissant son cœur au milieu de ses frères qui cède maintenant à votre Chapitre et Clergé cet état de dernière perfection à exprimer. A cet effet paraissait la grande bannière portée par un Diacre, entourée de guidons et flambeaux où ce saint était représenté dans ses habits pontificaux, ouvrant ses mains aussi bien que son cœur aux pauvres; elle était suivie de la croix du Chapitre entre deux acolythes avec leurs chandeliers, et entre plusieurs guidons, devant laquelle marchaient deux Religieux en surplis tenant deux encensoirs fumans. Ici le bas-chœur avec ses chantres tous vêtus de chapes, tenait son lieu et marchait en bel ordre, avec une si grande modestie qu'on eût jugé qu'il fallait faire la clôture de la procession si on n'eût aperçu sans interruption cinq beaux reliquaires et une Notre-Dame d'argent portés par autant de Religieux Prêtres, puis des ordres mendians, revêtus de riches dalmatiques tant de drap d'or que de satin blanc et rouge tout couverts de broderies d'or à petit point, entourés des deux côtés d'anges avec leurs guidons et flambeaux qui faisaient comme l'avant-garde du triomphe de notre Prélat, aussi bien qu'ils disposaient les spectateurs qui bordaient de part et d'autre toutes les rues et occupaient les fenêtres, au respect et à l'admiration, à la vue de son image en relief où il est dans ses habits pontificaux sous une chape semée de filets d'or et surmontée du pallium, la croix d'une main et la mitre de toile d'or en tête, tenant de la main droite une bourse pour figurer sa libéralité envers les nécessiteux. Elle était portée sur les épaules de quatre hommes en aubes, couronnés de fleurs, aidés de quatre autres pareils tenant des flambeaux de cire blanche en leur main ; trois guidons de couleur convenable aux trois vertus théologales allaient avec leurs devises devant et quatre autres suivaient comme vertus morales, et à côté de l'image marchaient quatre Religieux Prêtres des Ordres mendians en chapes et suivis de notre R. P. Provincial sous une riche chape.

MM. vos Curés des paroisses circonvoisines, venus pour honorer la cérémonie, remplissaient l'espace entre l'image et votre Chapitre composé des R. Pères de l'Oratoire tous vêtus de chapes, lesquels en cette rencontre comme partout ailleurs ont secondé parfaitement vos intentions par la sainte ardeur avec laquelle ils se portaient à confirmer les peuples dans l'ancienne créance de la vénération des images et par le bel ordre qu'ils établirent et qu'ils firent garder, ayant pour cet effet un de leurs Corps qui, revêtu de chape et le bâton de chantre à la main, s'acquittait dignement de l'office de maître des cérémonies. M. l'Abbé votre neveu tenait votre place qu'il remplissait avec autant d'éclat que de mérite, assisté des principaux officiers de votre Eglise, et suivi de votre maison, faisait la clôture aussi bien que le plus bel ornement du Clergé.

Ce n'était pas assez, Monseigneur, que le Clergé et que toutes les Communautés des Réguliers eussent témoigné leur zèle pour honorer notre saint Archevêque, il fallait encore pour l'achèvement de cette pompe que tous les Corps de ville, principalement cette illustre Compagnie du Présidial, s'y intéressât également comme elle a fait par son assiduité aux cérémonies pendant les huit jours, rendant un témoignage public que leur piété ne cède rien à celle des villes moins infestées d'erreurs que la leur, et que bien loin de contracter quelque mauvais air de corruption pour la pratique inévitable d'une religion contraire, qu'elle ne sert qu'à enflammer leur zèle et accroître leur dévotion; et un chacun en fut persuadé lorsque l'on vit ces sages magistrats paraissant avec un éclat qui n'en donnait pas peu à notre procession, précédés de leurs huissiers. Sur leurs pas marchaient MM. de l'Election, (Chambre de Commerce), lesquels étaient suivis de MM. les Avocats et Procureurs en leurs robes de cérémonie, ce qui ajoutait d'autant plus de lustre et rendait la piété de ces Messieurs plus recommandable qu'ils n'avaient jusqu'alors paru en corps en aucune solennité pour quelques différends qu'ils avaient, pour honorer notre illustre Pacificateur qui a si puissamment travaillé pour la paix que dans le temps de sa canonisation, il nous a procuré un aussi heureux qu'auguste mariage qui, unissant les deux plus florissantes monarchies du monde, donna la tranquillité à l'Eglise et la paix à la chrétienté ; Sa Sainteté en avait donné les espérances au jour de sa canonisation à Rome. Et La Rochelle, comme sujette à ce premier Ministre de la paix, qui la première a l'honneur de dédier un Temple à Dieu, sous le nom de ce grand saint, en voit l'accomplissement.

Voilà, Monseigneur, l'ordre de cette procession qu'une foule de peuple qu'il est plus facile de s'imaginer que de nombrer, suivait, et qui aurait jeté quelque confusion parmi les corps qui marchaient avec belle disposition, sans les sergens et hallebardiers, qui, tenant les ailes et suivant en compagnies, ne souffraient aucun désordre.

La procession ainsi disposée partit de votre Cathédrale et marcha au milieu de la milice, tambours battans, qui faisait haie des deux côtés, et se rendit par les plus grandes rues dans votre Eglise, d'où approchant elle fut reçue par MM. les Ecoliers qui ayant doublé les rangs dans le milieu de part et d'autre, depuis la porte de l'Eglise jusqu'à la dernière compagnie, laissaient le milieu de la rue libre pour passer les Corps qui suivaient faisant voltiger leurs guidons et rouler leurs drapeaux pendant que le bruit de tous les tambours se mêlait parmi celui de la milice, qui fit une décharge générale de mousquetades à l'issue de la procession et à la bénédiction du Saint-Sacrement qui en fut la conclusion.

Ce serait dérober une circonstance assez considérable à la gloire de notre saint d'omettre ce que tous ont remarqué, que la pluie, laquelle durant trois heures avant le départ de la procession avait continué, et qui semblait s'opiniâtrer, sans qu'il y eût apparence qu'on dût attendre de changement (plusieurs ayant été d'avis qu'on n'exposât pas les ornemens), cessa au même instant que notre croix parut dehors, et quoique les nuages fussent tous chargés d'eau, par une merveille particulière, pour donner lieu à la solennité, ils n'en laissèrent pas tomber une goutte et ne servirent que de tente pour parer à l'ardeur du soleil, mais commencèrent à se fondre et distiller en même temps qu'on fut de retour dans l'Eglise ; ce qui continua, en sorte qu'on fut obligé de remettre au lendemain le feu d'artifice tout disposé et qu'on avait préparé pour ce soir même.

Cette première journée ainsi passée, la suivante qui faisait la seconde fête de la Pentecôte, commença par la grand'messe, laquelle fut chantée solennellement par M. Habert, conseiller au Présidial, et Aumônier ordinaire du Roi, assisté de tous les officiers, et après les vêpres, le R. P. Chauvin, jésuite, fit le second panégyrique sur le don de *sagesse* qu'il appliqua excellemment à saint Thomas et dont il parla hautement, comme, les jours suivans, firent dignement les autres panégyristes :

Le R. P. Césarée, Carme, sur le don d'Entendement, le R. P. Gardien des Cordeliers, sur le don de Conseil, le R. P. Capucin, sur le don de Science, et le R. P. sous-Prieur des Jacobins, sur le don de la Piété, qui sont les sujets que le sort leur avait ainsi distribués et fait tomber en partage.

Le second panégyrique fini, on se disposa pour une seconde procession, et l'on fit marcher les pauvres en tête comme à la première. Les Anges gardaient le même ordre, suivis de MM. les Ecoliers, comme le jour précédent, après lesquels marchaient les grands guidons et les six bannières entremélées d'anges distribués également, après lesquels nous paraissions, en même nombre, assisté d'un corps de musique en chapes et d'un grand nombre de Religieux des autres Communautés ; les uns revêtus de dalmatiques pour porter les reliques, et les autres de chapes, lesquels joints aux nôtres, faisaient trois chœurs au milieu desquels était l'image de saint Thomas, en relief, dans son premier appareil.

Sortant de notre Eglise pour nous rendre dans votre Cathédrale, l'un des chœurs commença les Litanies des Saints que les autres reprenaient avec tant de mesure que le faux bourdon répétait à chaque reprise: *sancte Thoma, ora pro nobis*, auxquels se joignait de temps en temps agréablement l'harmonie des *hautbois*. Nous ne fûmes pas plutôt arrivés dans votre Cathédrale, après avoir posé l'image sur une table qui était préparée et les Reliquaires sur le grand autel, que le R. P. Provincial présenta la grande bannière par une harangue à M. l'Abbé, accompagné des officiers de votre Eglise, laquelle il témoigna recevoir avec joie, avec une réplique aussi judicieuse qu'obligeante ; ensuite de quoi les Chantres ayant entonné l'hymne *Iste confessor* sur la fin de la première strophe, à ces mots: *Scandere cœli*, la bannière fut enlevée au haut de la voute où elle demeura suspendue, par un monument de notre reconnaissance à la postérité, au bruit et *tintamare* des boites qui, se mêlant parmi celui des tambours, l'harmonie des hautbois et le son des cloches qu'on entendait de toutes parts, causait une sainte allégresse qui paraissait sur la face des assistans. Une seconde décharge des boites avertit de notre sortie pour aller à l'Eglise des R. Pères de l'Oratoire qui nous y reçurent en Corps, revêtus de surplis. On y chanta une antienne de sainte Marguerite qui est la patronne, et l'officier ayant dit l'oraison convenable, nous partîmes pour aller à celle des R. Pères Jésuites, où nous entrâmes entre les rangs triplés de MM. les Ecoliers, et ayant semblablement chanté les antiennes des saints Ignace et Xavier, avec les Oraisons propres, les chœurs reprirent les Litanies, et chacun s'étant remis en son rang, nous continuâmes vers Saint-Sauveur, où M. le Curé, accompagné de MM. les Vicaires et des Fabriqueurs, nous attendait à la porte. On y chanta une antienne avec l'Oraison propre, après laquelle nous retournâmes à notre Eglise où avait commencé la procession qui finit par la bénédiction du très-Saint-Sacrement qui fut donnée par M. l'Abbé, comme il continua, avec un rare exemple, toute l'Octave.

Nous joindrons à ces Entretiens de piété, Monseigneur, puisque le lieu le demande, celui d'un saint divertissement qui ne les a plus interrompus. C'est d'un beau feu d'artifice qui se fit sur le soir, lequel a été vu de tout votre peuple.

D'autant plus agréable qu'il n'a servi qu'à l'entretenir dans des sentimens d'estime pour la vertu qu'il voyait triompher et à le confirmer dans les respects que de toutes parts on rendait à notre saint. C'est à quoi MM. Le Gagnon et de La Pinaudière, conseillers au Présidial et Juges de Police, ont singulièrement contribué par le bon ordre que leur zèle pour la Religion leur fit établir dans la ville pour toutes les actions publiques et par les frais considérables qui les ont rendus plus augustes, dont ce feu d'artifice aussi beau dans son dessein qu'industrieux dans sa disposition est une éclatante preuve.

Le dessein était de faire paraître le cœur de saint Thomas de Villeneuve épris des flammes célestes dont il allait embrâser tout le monde; pour cet effet un théâtre de quatorze pieds de hauteur et de douze de fait était dressé au milieu de la place du Château en forme de piédestal à trois étages différens; huit tours fort bien peintes, couvertes de leurs chapiteaux, étaient posées sur la plate-forme, avec des cœurs surpassés d'une croix qui sont les armes de saint Thomas, et entourés de feuillages avec leurs banderolles et leurs devises convenables au sujet et au temps; quantité de boites et pots de feu garnis de beaux feux d'artifices faisaient le second étage et les flambeaux entremêlés d'autres pièces étaient au troisième; plus haut paraissaient deux girandoles en forme de soleil et de lune, et au-dessus était un grand cœur à quatre faces élevé de la hauteur de quarante pieds, qu'un Séraphin posé au haut du temple distant de soixante pas, devait venir embrâser. Ce feu ainsi disposé, qui n'attendait que l'obscurité et la nuit pour faire éclairer un nouveau jour et le faire voir à un si grand peuple qui s'y était rendu de toutes parts, commença par le bruit des boîtes qui en fut le signal, et en même temps on vit partir du haut du temple douze grosses fusées l'une après l'autre, qui semblaient porter des lumières jusque dans la moyenne région de l'air. Ensuite desquelles partit du même lieu le Séraphin, la couronne en tête, un flambeau à la main gauche et une lance à feu à la main droite, de laquelle il alla porter le feu au cœur, et puis après se retira et au même instant quantité de flammes partirent du cœur qui était garni au-dedans de quatre grosses lances à feu qui le firent voir un long temps comme en plein jour. Cependant que quatre pots à feu chargés de douze fusées à foucades, lançaient du fond du cœur une infinité d'étoiles brillantes qui demeuraient suspendues en l'air, de serpenteaux sans nombre et une pluie d'or merveilleuse, laquelle tombant agréablement, mirent en feu le soleil et la lune que l'on voyait tournoyer avec beaucoup d'artifices. Aussitôt six douzaines de grosses lances à feu parurent comme autant de flambeaux qui jetèrent une clarté si grande et si belle qu'elle éblouissait les spectateurs, de chacune desquelles paraissait un saucisson, qui firent en l'air une agréable salut.

On ne reçut pas moins de divertissement lorsque quatre douzaines de pots à feu posés sur quatre coins de charpentes, chaque pot garni de six fusées à foucades, commencèrent à leur tour à remplir ce vaste lieu de diverses figures qui se firent faire belle place par terre et la rendirent toute lumineuse et que quatre douzaines de saucissons volans s'élancèrent en l'air où ils faisaient d'éclatans tonnerres, qui n'eurent pas plus tôt fini que huit douzaines de pots à feu dont chacun portait une douzaine de fusées à serpenteaux reprirent la place qui firent un merveilleux combat en l'air, les uns s'élançant droit en haut, s'écartant de part et d'autre, remplissant tous les environs du théâtre de feux qui découvraient cette leste jeunesse du Collége, laquelle marchait en ordre enseignes déployées, avec mille roulades ; au milieu de ces écoliers se mêlait le bruit des tambours parmi toutes les décharges de serpenteaux qui faisaient retentir l'air de leur bruit éclatant.

Il semblait que les cœurs qui entouraient le théâtre étaient dans l'impatience de se déclarer en faveur de la joie publique, et de faire parler hautement leur devise, ce qui se fit aussitôt sans confusion par une décharge bien suivie qui fut faite des huit tours où ils étaient attachés et garnis de pareil nombre de boîtes de chacune contenant deux douzaines de fusées volantes partagées également en étoiles, serpenteaux, saucissons et pluie d'or qui éblouissaient. La clarté des étoiles semblait faire un beau jour dans l'absence de la nuit ; ces lumières pétillantes et ces bruits éclatants étaient accompagnés de cris de joie et d'admiration des spectateurs, lesquels après le bruit et tumulte des boîtes, suivis de douze fusées volantes qui furent la conclusion du feu, s'en allèrent si satisfaits qu'une seule chose eût manqué à leurs souhaits, s'ils eussent ignoré les noms des ingénieurs qui l'avaient composé avec autant d'industrie que de conduite. Savoir: les sieurs Delapoete et Pigret, artilleurs et ingénieurs en feux d'artifices qui par celui-ci se sont rendus dignes de la réputation qu'ils s'étaient déjà acquise.

Voilà, Monseigneur, le saint divertissement qui faisant la clôture du jour ne fait pas celle de la dévotion, comme il parut dans la suite de l'Octave dont chaque jour a été recommandable, outre l'affluence ordinaire, par quelque circonstance particulière qui l'a rendu remarquable. Deux jours ont été signalés par la conversion de deux hérétiques qui firent l'abjuration solennelle de leur hérésie aux pieds de l'image du saint. Le premier entre les mains du R. P. Egron, Prêtre de l'Oratoire, et Curé de Saint-Sauveur, et le second entre les mains du P. Prieur, à la vue d'un grand nombre de peuple qui en fut beaucoup édifié.

Les processions qui se firent par les Communautés particulières les derniers jours, ne les rendirent pas peu considérables, par tous ces témoignages publics de respect qu'un chacun tâchait de rendre à notre saint, comme fut celle des R. Pères de l'Oratoire qu'ils voulurent faire un des jours suivans, où ils parurent en grand nombre tous revêtus de chapes et en bel ordre, suivant leur croix entre deux porte-flambeaux, précédés des bedeaux de leur Eglise d'où ils partirent chantant les Litanies par les rues, et se rendirent dans la nôtre, où nous les reçûmes en corps avec la croix, l'encens et l'eau bénite. L'officier et les quatre chantres en chapes, ils y chantèrent solennellement la grand'messe, après laquelle le R. P. Supérieur ayant quitté la chasuble et repris la chape, ils sortirent en même ordre et retournèrent à leur Eglise. Ce que les R. Pères Cordeliers firent de même à leur jour qu'ils prirent pour honorer ce grand saint, par une fort belle procession, où l'officier, accompagné de ses assistans avec les quatre chantres étaient revêtus de chapes, et par la messe solennelle qu'ils chantèrent en même temps, ayant été reçus à l'entrée de l'Eglise. Aussi bien que les R. Pères Capucins qui témoignèrent leur zèle pour l'honneur du saint étant venus à leur tour processionellement à son Eglise, où le R. P. Gardien célébra la sainte messe avec les prières et suffrages à la fin. Après lesquels ils s'en retournèrent, reprenant les Litanies qu'ils avaient déjà commencées. C'est un même zèle qui porta les Pères de la Charité à prendre leur temps pour venir en corps précédés de leur croix rendre leur respect à ce grand Père des pauvres. Et ayant chanté à cet effet les antiennes et oraisons propres devant le grand-autel, ils continuèrent à leur retour les Litanies des Saints. Enfin MM. les Ecoliers qui jusqu'ici avaient paru en toutes les actions publiques comme une leste milice sous leurs drapeaux et au bruit des tambours, prirent aussi leur jour, qui fut le dimanche au matin, pour venir comme dévots Pélerins sous l'étendard de la croix précédée d'une bannière du saint, marchant tous deux à deux le cierge à la main, plusieurs revêtus de surplis, chantant les Litanies, rendre leur respect à ce grand saint et profiter de l'occasion si favorable des indulgences par la messe qu'ils entendirent du R. P. Recteur du Collége, qui à la fin les communia tous de sa main, et leurs prières et actions de grâces faites, retournèrent en même ordre à l'Eglise du Collége, donnant place par leur sortie à une foule de peuple si extraordinaire tant de la ville que des paroisses voisines qui s'y rendirent processionellement, qu'à peine put-on trouver lieu pour chanter la grand'messe qui fut célébrée avec les solennités ordinaires par M. l'Abbé.

On fit choix de ce dimanche comme d'un jour plus propre pour la dernière procession, tant pour la rendre plus solennelle que pour satisfaire à la dévotion d'une affluence incroyable de peuples que le bruit de la première et des autres suivantes avait amenés de toutes parts. Cette procession commença après les vêpres avec la même pompe et le même appareil que la première ; elle partit de votre Cathédrale avec tous les corps de toutes les Compagnies et se rendit en même ordre dans notre Eglise, où elle fut conclue par la bénédiction du Saint-Sacrement.

On eût cru, Monseigneur, qu'il n'y avait plus rien à attendre pour le dernier jour de l'Octave et que cette dernière procession devait faire la dernière action, si on n'eût vu le lendemain la dévotion des peuples se réveiller par le grand nombre des communions qui s'y firent, et sur le soir par l'extraordinaire concours des personnes de toutes conditions qui s'y trouvèrent en foule pour entendre le dernier panégyrique que fit avec succès le R. P. Rogron, Prêtre de l'Oratoire et Curé de Saint-Sauveur, où il appliqua à Saint-Thomas de Villeneuve le don de la crainte de Dieu, ainsi que Votre Grandeur lui avait ordonné, achevant heureusement ce beau dessein qui faisait voir la descente du Saint-Esprit sur notre Saint avec la communication de ses dons. Il ne restait plus que le *Te Deum* en actions de grâces, pour lequel, au-dedans et au-dehors de l'Eglise, un chacun se disposait. Les Anges avec leurs flambeaux et guidons se rangèrent en haie de part et d'autre, et au milieu d'eux paraissaient les grands guidons et les bannières tenues par les diacres. Douze Religieux revêtus de chapes tenaient le tour du grand-autel, où était M. l'Abbé de Couvray, avec tous ses officiers en chapes.

On commença par l'hymne *Iste Confessor* qui fut suivi du *Te Teum* en actions de grâces, durant lequel les tambours se faisaient entendre dans la rue, la mousqueterie faisant beau bruit, et les décharges des boîtes grand éclat ; une bannière du Saint fut enlevée à la voûte où elle demeure suspendue ; après quoi M. l'Abbé donna la bénédiction du Saint-Sacrement, qui fut une magnifique conclusion de toute cette cérémonie.

Sur le soir, pour marque d'une reconnaissance plus achevée des bénédictions du ciel et des faveurs que toute la ville devait attendre de la protection de S. Thomas de Villeneuve, avec laquelle elle s'était portée à l'honorer, un cœur à quatre faces embrasés de tous côtés et tout en feu, fut élevé à la hauteur de cinquante coudées, sur notre Eglise, l'espace de trois heures, qui fut accompagné de nombre de fusées volantes garnies de serpenteaux et d'étoiles qui s'élevant en l'air rendaient une merveilleuse clarté qui finit par le bruit éclatant des boites comme il avait commencé, auxquels se mêlèrent le son des tambours avec les acclamations des peuples qui furent autant de témoignages publics que les Catholiques rendirent à la joie qu'ils avaient de voir que Dieu triomphait au milieu de l'hérésie, en son fidèle serviteur saint Thomas de Villeneuve.

Voilà, Monseigneur, un sincère et fidèle détail de tout ce qui s'est fait pour la gloire d'un saint qui a honoré l'Ordre épiscopal, que nous avons cru devoir être reçu de Votre Grandeur, avec satisfaction et que le zèle qui l'applique si utilement au réglement de son Diocèse, trouverait un sujet de joie quand nous l'assurerions que tout l'appareil de cette cérémonie dans sa ville principale a causé autant de confusion aux hérétiques qui y sont, que de contentement aux Catholiques, dont la plupart sont témoins des merveilles que Dieu a faites par saint Thomas de Villeneuve, en faveur de ceux qui ont eu recours à lui, qu'il faudrait nommer à Votre Grandeur, s'il était permis d'anticiper sur le jugement que Sa Grandeur en fera lorsqu'elle aura donné les ordres à la commission d'en faire juridiquement les informations. C'est la seule considération, jointe aux remerciemens que nous lui devons, qui nous a obligés de lui présenter ce récit.

Nous sommes avec le plus profond respect, Monseigneur, vos très-humbles et très-obéissants serviteurs.

Les Religieux Augustins de La Rochelle.

Signé : PARENT,
Prieur de ce Couvent des Augustins de La Rochelle.

En 1665, les R. P. Augustins poussèrent activement les constructions déjà commencées dans leur ancien couvent. La tribune ou le jubé de l'Eglise fut achevée à Pâques de l'année 1671.

En 1667, les Chanoines ayant eu des réparations à faire dans le grand Temple devenu Cathédrale, s'établirent momentanément dans l'église des Augustins ; depuis le mois d'août jusqu'à la fin de novembre, ils y célébrèrent l'office canonial.

Au mois d'avril 1668, le service paroissial de l'église Saint-Barthélémy dont on relevait les ruines fut aussi transféré aux Augustins. La première Chapelle à droite en entrant servait de sacristie au clergé paroissial. Cet état de choses fort gênant pour les Religieux, dura néanmoins plus de cinq ans.

Le 1er mai 1695, Messire Jean Lavau, Chanoine de la Cathédrale, fut enterré dans l'église des Augustins, dont il s'était montré l'ami généreux.

Le 3 mai 1697, eut lieu l'ouverture du Chapitre général des Augustins de la province au couvent de Saint-Yon. La circonstance était favorable pour la solennité de la canonisation de Saint Jean de Sahagun (ou Saint Facundez), Religieux Augustin, canonisé en 1690, par Alexandre VIII. Mgr de La Frézelières, alors Evêque de La Rochelle, accompagné de tout le clergé séculier et régulier de la ville, se rendit en procession de l'église de Saint-Barthélémy dans celle des Augustins, où il officia pontificalement à la messe et aux vêpres.

Les cérémonies de l'Octave attirèrent une affluence considérable de tous les environs. Elle fut terminée par la procession solennelle du Saint-Sacrement, présidée par le Prélat, qui avait désigné pour la station l'église même des Augustins.

Le 16 avril 1711, un Augustin irlandais, Thomas Foulon, Aumônier des vaisseaux du Roi, légua par testament aux Religieux de Saint-Yon une somme de 1500 livres, dont 300 pour la fondation du service divin le jour de Saint Patrice. Le revenu du reste de la somme leur était aussi abandonné à la condition que le remboursement serait fait aux Augustins irlandais de *Dungarares*, sa Communauté, si elle était un jour rétablie.

Le R. P. Thomas de Villeneuve Jouineau, né à Poitiers, après avoir exercé dans les hôpitaux royaux le ministère ecclésiastique avec une tendre charité, aimé de tous et surtout des pauvres dont il fut le consolateur pendant trente-cinq ans, mourut au Couvent de La Rochelle, le 20 juillet 1707, à l'âge de 69 ans.

Les Annales du Couvent font mention de plusieurs autres Religieux dont les travaux et les vertus font honneur à la société des Religieux de Saint-Yon.

Un décret de l'Assemblée nationale du 13 février 1790 supprima tous les religieux en France. Les Augustins furent dépossédés de leur monastère de Saint-Yon le 16 mai 1791, et il ne parait pas qu'après leur dispersion aucun d'eux soit jamais revenu à La Rochelle. Les cathédrales et les églises paroissiales étaient alors envahies par le clergé constitutionnel. Toutefois les Catholiques à Paris et dans plusieurs provinces obtinrent quelques sanctuaires, à prix d'argent et avec beaucoup de peine. Ce fut ainsi que M. l'Abbé Mirlin acheta par le sieur Trimouille le couvent et l'église des Augustins, dans laquelle MM. Jaucourt, Roblin, François et plusieurs prêtres fidèles venaient célébrer les saints offices. L'affluence était considérable et ces pieuses réunions offraient le plus édifiant spectacle.

Au-dessus du portail de l'église on lisait cette inscription: *Cette église est sous la protection de la loi.* Grâce à cette sauvegarde, les fidèles purent jouir encore des consolations religieuses que les malheurs publics leur rendaient si nécessaires. Cette tolérance fut de courte durée.

Aux fêtes de la Pentecôte de 1792, un bataillon républicain du département de l'Allier qu'on dirigeait sur la Vendée passa par La Rochelle. La présence de cette troupe fit éclater l'irritation qui déjà depuis quelque temps était devenue menaçante, et le lundi de la Pentecôte, à l'heure des vêpres, les fidèles étant réunis devant le Saint-Sacrement exposé, une troupe ameutée par ces soldats vint se ruer à la fois sur l'église et l'ancien couvent, et se livra aux plus déplorables excès.

La porte de l'église est forcée, les vitraux sont brisés, le mobilier saccagé, plusieurs personnes blessées et le sang est répandu. En frappant la chaire d'un coup de hache, un des soldats se blessa lui-même et se fendit le genou. Cependant au milieu du tumulte, l'autel où reposait le Saint-Sacrement fut épargné. Inspiré par son courage et par sa foi, M. de Talesis, ingénieur militaire en chef, qui assistait à l'office, se précipita au-devant de l'autel et debout, l'épée à la main, il en interdit l'accès aux profanateurs. Nul n'osa franchir la barrière du sanctuaire et Jésus-Christ fut respecté.... Dans la soirée de ce triste jour, un des prêtres vint enlever le Saint-Sacrement.

L'intérieur du couvent, habité par deux familles dont nous avons parlé plus haut, était en même temps dévasté. Rien ne fut épargné, pas même les cellules des deux Religieux que leurs infirmités avaient retenus, dans le monastère. Arrachés de leurs couches et jetés à terre sans pitié, ils furent enfin transportés à l'hôpital Saint-Louis, où les deux vieillards ne tardèrent pas à mourir. Avec eux disparurent les derniers débris de la Communauté des Augustins de La Rochelle.

Le lendemain de ces scènes déplorables, le bataillon de l'Allier effectuait son départ et s'embarquait pour les Sables-d'Olonne. Mais la Providence avait réglé qu'il n'y aborderait pas. Assailli par la tempête, le navire, en traversant le pertuis Breton, alla échouer sur le rocher des Baleines, à l'extrémité nord de l'île de Ré; le plus grand nombre des passagers périt dans ce naufrage.

M. l'abbé Mirlin, par les soins duquel l'église des Augustins avait été ouverte aux Catholiques, n'eut pas la douleur d'être témoin de sa profanation. Depuis trois mois il était à Paris. Ses confrères de La Rochelle ne tardèrent pas à s'expatrier comme lui. Embarqués pendant la nuit, ils furent conduits en Angleterre par un capitaine dévoué, qui s'offrit lui-même à favoriser leur émigration.

Après la tourmente révolutionnaire, quelques-unes des anciennes Ursulines de La Rochelle se réunirent pour vivre en communauté ; ne pouvant racheter leur ancienne propriété, elles firent l'acquisition du couvent des Augustins, situé dans la même rue, et en prirent possession en 1804. Trente ans plus tard, cette Communauté fut réunie à la Congrégation des Ursulines de Jésus de Chavagne, qui arrrivèrent à La Rochelle le 21 octobre 1835.

Ainsi rendue au culte, l'église des Augustins est aujourd'hui l'un des sanctuaires de La Rochelle les plus chers à la piété et particulièrement aux jeunes personnes élevées par les Dames Religieuses de cette Communauté.

Il y a six Chapelles dans l'église des Augustins, dédiées : la première du côté de l'Evangile, à Saint Joseph, et anciennement à la Sainte-Vierge ; la deuxième à Saint Antoine de Padoue, et autrefois à Saint Patrice ; la troisième à Saint Augustin.

Du côté de l'Epître : la première à la Sainte-Vierge, autrefois à Saint-Yves ; la deuxième à Saint Thomas de Villeneuve et la troisième à la Vierge de la Salette, autrefois à Saint Nicolas Tolentin.

Le corps d'un martyr, Saint *Fidèle*, extrait des catacombes de Rome, repose sous le grand-autel.

On possède aussi dans l'église des Augustins le corps de Marie de Cardozo, appelée Marie de la Conception, Supérieure du tiers-Ordre de Saint-Augustin, qui mourut en odeur de sainteté à La Rochelle, le 18 juillet 1700.

La vie de cette noble Portugaise, publiée en 1707, donne la plus haute idée de sa perfection.

Mariée, pour obéir à son père, au fils d'un riche marchand de La Rochelle que son commerce avait conduit à Lisbonne, elle revint en France en 1675, et arriva à La Rochelle la veille de Noël. Peu de temps après, elle eut la douleur de perdre son époux qui lui laissait un fils unique ; réduite à la pauvreté par la jalousie et la cupidité des frères de son mari, elle eut à endurer toute sorte d'humiliations et d'épreuves. La patience et la charité de Marie étaient inaltérables. Sa vertu fit l'admiration de la ville tout entière. Son fils, élevé dans les sentiments d'une piété sincère, aidé des secours que lui fournit la Providence, devint prêtre et honora son ministère par une vie vraiment sacerdotale. Plus d'une fois il lui fallut user de l'autorité que lui donnait son caractère pour modérer les austérités de sa pieuse mère.

L'union la plus intime avec Dieu, l'esprit d'oraison, une patience à toute épreuve dans les afflictions les plus amères, une simplicité parfaite, une aversion naturelle pour la dissimulation, une tendre compassion pour les pauvres, une vie angélique, tels sont les traits sous lesquels Marie de Cardozo se présente à l'admiration des fidèles.

Les lumières dont Dieu la favorisait donnaient un si grand prix à ses conseils, que les personnes les plus graves y avaient recours. Monseigneur de La Frézelières, alors Evêque de La Rochelle, aimait à la consulter dans les entreprises qui intéressaient son Diocèse. Les événements justifièrent plus d'une fois les prévisions de cette âme droite et pure.

Ses derniers jours furent dignes de la vie toute sainte dont Marie avait constamment donné l'exemple. Vingt-quatre heures après son décès, dit son historien, son visage, aussi vermeil qu'il l'était dans le temps de sa meilleure santé, la flexibilité de ses mains et de tous ses membres l'eussent fait croire encore vivante. Elle fut inhumée dans l'église des Augustins, où chaque jour elle venait prier avec tant de ferveur et recevait de Dieu des grâces si extraordinaires.

Un concours immense honora sa sépulture. Monseigneur l'Evêque de La Rochelle voulut célébrer lui-même la messe des obsèques, *doutant d'abord s'il ne devait pas plutôt chanter une messe d'actions de grâce ; mais enfin il jugea qu'il se fallait conformer à la coutume de l'Eglise.*

Le Prélat bénissait Dieu d'avoir possédé dans sa ville épiscopale, pour l'édification de son peuple, un modèle aussi parfait de toutes les vertus chrétiennes.

Les sépultures de l'église des Augustins n'ont pas été violées pendant la révolution. Le corps de Marie de Cardozo y repose donc encore. Nous le supposons dans la partie haute de l'église dont le pavé est aujourd'hui recouvert par le plancher du chœur et des deux premières chapelles.

On a signalé dans l'histoire de la pieuse Marie plusieurs guérisons et grâces singulières obtenues de Dieu sur son tombeau. Elle était surtout invoquée par les âmes que le Seigneur éprouvait par les afflictions et la douleur. C'est en effet par la voie de la croix que Marie de Cardozo avait elle-même été sanctifiée.

On voit encore dans le cloître les sépultures des Religieux morts dans ce couvent depuis 1660. C'est là que repose le R. P. Alipe Mahé, mort en 1715, après cinquante-trois ans de profession. Les Annales du monastère lui consacrent l'éloge suivant :

HUNC
Fervens in Deum charitas et pietas.
Jugis rerum cœlestium meditatio.

Continua librorum sacrorum lectio,
Vitæ solitariæ amor,
Sincera humilitas,
Humilis obedientia,
Exacta paupertas,
Necnon talenta multa,
Quæ semper suo retribuit donatori,
Viventem plurimum commendarunt.

—

Un amour ardent pour Dieu, une piété fervente,
La méditation continuelle des choses célestes,
La lecture assidue des livres sacrés,
L'amour de la vie solitaire,
L'humilité sincère,
L'obéissance profonde,
La pauvreté la plus exacte,
Des talents nombreux,
Dont il renvoyait toute la gloire
Au Dieu qui en est le distributeur,
Ont fait l'ornement de sa vie.

—

Ainsi qu'on l'a déjà dit, saint Thomas de Villeneuve, Archevêque de Valence, en Espagne, est le patron principal de l'église des Augustins à La Rochelle. Afin d'en raviver le souvenir, on a placé dans la chapelle qui lui est dédiée un tableau assez remarquable représentant le Saint payant la rançon d'une pauvre famille que les Turcs allaient conduire en captivité.

Une nouvelle cloche, portant le nom du saint Archevêque, va être placée dans la tour de la même église. Puisse-t-elle être pour nous comme l'écho de la voix de cet admirable prédicateur de l'Evangile et nous rappeler la ferveur de sa charité pour Dieu et pour ses frères ! Puisse cet humble Pontife, dont les mœurs angéliques ont embaumé le champ de l'Eglise, nous obtenir de Dieu la grâce d'une vie pure et d'une mort bienheureuse !

X...

———

Cette notice a donné lieu à des recherches qui jettent un jour plus net sur certains points que nous sommes heureux de rectifier. Ainsi la fixation :

1° De l'époque de l'établissement des Augustins à La Rochelle ;

2° De la date de la construction de leur *première* église;
3° Du patron principal de cette même église.

1° Les Religieux Augustins durent s'établir à La Rochelle sous le règne de Philippe VI de Valois, c'est-à-dire de 1328 à 1350. Il est certain qu'on ne les trouve pas compris dans l'énumération des établissements Religieux de 1322, et qu'on les y voit figurer en 1355. Ils y étaient donc bien certainement dans les premières années du roi Jean, fils et successeur de Philippe VI. Nous en avons deux preuves positives: la *première* du 2 Mars 1355 (c'est le testament d'*Armande la Plastrère*, portant un *legs aux Augustins*.

La *seconde* du 24 Décembre 1359, dans le testament du sieur Aimery du Poix, léguant *aux Augustins* la somme de trois écus.

Donc, en fixant l'établissement des Augustins à La Rochelle à l'année 1205, le P. Arcère n'a fait que répéter sans examen l'assertion fournie par le R. P. Lubin. Cette double autorité a causé l'erreur de la notice, qui donne la même date.

La Moulinette, première résidence des Augustins, a toujours été dans la paroisse d'Aytré et non dans celle de Saint-Nicolas. C'est une seconde erreur du P. Lubin, répétée par Arcère.

2° Construction de la première église.

Thomas Brouart, gouverneur de l'hôpital Saint-Berthomé, donna à rente aux Augustins *une certaine place où ils construisirent leur église*. Or, Thomas Brouart exerça sa charge de 1384 à 1387. Son dernier acte est du 13 juin 1387. On peut de là rigoureusement conclure que leur église n'existait pas avant 1387 et qu'elle existait en 1394, comme il résulte du cartulaire de cette même année. Par des inductions nous arrivons à fixer la date de sa construction de la manière la plus précise: en 1387, on cède aux Augustins *la place où sera bâtie leur église;* en 1394, on s'exprime ainsi: *Où est de présent leur église*. Bien peu de monuments religieux présentent leur acte de naissance en aussi bonne forme.

En 1394, la rue de la Taupinerie ne portait pas encore le nom de rue Saint-Yon. La construction de l'église était encore trop récente.

3° Que le Patron de l'église construite par les Augustins à

la fin du XIVe siècle, soit Saint-Yon *Martyr*. C'est encore une erreur du R. P. Lubin dans son *Orbis Augustinianus* qui parut en 1682. Le Père Arcère l'a répétée de confiance.

Saint-Yves de Bretagne a été canonisé par Clément VI en 1347. Jean de Montfort, duc de Bretagne, avait fait le voyage de Rome pour solliciter cette canonisation. — En 1348, les Bretons construisent une église à Paris sous son invocation. — Pendant l'occupation anglaise, de 1360 à 1372, ils ont de grands rapports avec La Rochelle. — Saint Yves était alors une des gloires de la Bretagne. — Le connétable Duguesclin, qui prit possession de La Rochelle au nom du Roi de France, en 1372, était Breton. — Le quai le plus rapproché de la tour de la Chaîne s'appelait le quai Saint-Yves ou des Bretons. (Titre en 1553).

En présence de ces faits, on comprend que l'église des Augustins ait été dédiée sous l'invocation de Saint Yves de Bretagne, dont l'Eglise célébrait alors la récente glorification, et l'on ne voit pas comment on lui eût préféré comme patron un antique martyr des premiers siècles, dont rien de local ne rappelait la mémoire.

Joignez à cela les documents fournis par le manuscrit de 1630 à 1722, qui nous a guidés dans la rédaction de la notice,

Constatant 1° l'existence d'une chapelle de Saint Yves, dans la *nouvelle Eglise*, dont Saint Thomas était devenu premier patron;

2° L'existence, dans l'Eglise des Augustins, d'une Confrérie formée par les avocats, procureurs et greffiers de La Rochelle;

3° Leurs convocations spéciales à la procession du Saint-Sacrement dans cette Eglise, *pour honorer leur Patron*... et vous ne douterez plus que Saint Yves de Bretagne, appelé l'*Avocat des pauvres*, n'ait été le Patron principal, puis secondaire de l'église des Augustins, et que la rue Saint-Yon ne lui doive son nom.

La Rochelle, imp. de J. Deslandes.

www.ingramcontent.com/pod-product-compliance
Lightning Source LLC
Chambersburg PA
CBHW060546050426
42451CB00011B/1813